W0215339

BAUSTEINE

Fibel

1

Herausgegeben von
Karin Kobl

Erarbeitet von
Jutta Herzog, Karin Kobl,
Tanja Schedl und Katrin Wolff

Unter Beratung von
Rosie Mester

Diesterweg

SCH
A
E
Ä
Ö
Ü
L
M
S
F
R
N
Z
W
SP
ST
QU
ELE-
PLAN

O U
→ CH
AU EI EU
H P T K
PF
J B D G
→ NG
V X Y C

Inhalt

Diese Zeichen findest du in deiner Fibel

Ele stellt dir kurze Wörter
mit unbekannten Buchstaben vor.

Was schwierige Wörter bedeuten,
kannst du auf Seite 140 und 141 nachschauen.

Überlege, ob du diese Arbeit
in deinem Lerntagebuch (Lernspuren) sammeln möchtest.

Hier kannst du mit einem anderen Kind
zusammenarbeiten.

Aha

Auf diesen Seiten erklärt dir Ele,
worauf du beim Lesen und Schreiben achten musst.

graue Texte

Texte in grauer Schrift kannst du zusätzlich lesen.

Diese Texte enthalten Buchstaben, die du noch nicht
kennengelernt hast.

Wenn dir der Text gefallen hat, kannst du im Buch
weiterlesen.

In der Schule

I CH B I N L E A.

I CH B I N L E O.

W E R B I S T D U ?

– SCH lernen Fibelkinder sowie Ele kennen und stellen sich selbst vor
– SCH gewinnen erste Einsicht in den Zusammenhang von Buchstaben und gesprochenem Laut und lesen Anlautschrift

MEIN 1. SCHULTAG
HEUTE
15
E
L
E
SCH
A
Ä
Ö
L
M
S
R
N
Z
SP
ST
M
S
F
L

– SCH erzählen zum Bild
– SCH lernen die Schreibtabelle und weitere Fibelkinder kennen

– AH 3-7

Sch
sch
ch
Aa
Ee
Ii
Oo
Uu
Ää
Öö
Üü
Au au
Ei ei
Eu eu
Ll
Mm
Ss
Ff
Hh
Pp
Tt
Kk
PF
NG
Bb
Dd
Gg
Jj
Rr
Nn
Zz
W
Yy
Cc
Sp sp
Q
SSS ...

ICH BIN LEA.

ICH L E S E.

ICH BIN LEO.

ICH ...

KINDER LERNEN IN DER SCHULE.
LOLA HILFT LEA.
SINAN FLÜSTERT S.
LEO STEMPELT.

- SCH erhalten Anregung zum Üben mit der Schreibtabelle
- SCH lesen Anlautschrift

- AH 8-12

KINDER HÜPFEN:
ELE HAT 2 SILBEN.
UND DEIN NAME?

LEA UND LEO LESEN
MIT DEM ELE-PLAN.
ELE SCHAUT ZU.
JEDER LAUT IST WICHTIG.

- SCH erhalten Anregung zum Gliedern von Silben
- SCH lesen Anlautschrift

- AH 2, 13-15

LEO HAT OMA GEMALT.
LEA MALT ELE.
WAS MALT LOLA?

 O

 U

L E A U N D L E O

L E S E N O M A.

- SCH erhalten Anregung zum Herausfiltern der Vokale
- SCH suchen Wörter mit gleichem Anlaut

- AH 16-19

 A a

 E e

 I i

A SUCHT **a.**
E SUCHT **e.**
I SUCHT **i.**
O SUCHT **o.**
U SUCHT **u.**

– SCH bringen Groß- und Kleinbuchstaben in Verbindung
– SCH erhalten Anregung zum Speichern von Groß- und Kleinbuchstaben

– AH 20-22

 **O o**

 **U u**

W O I S T D A S a ?

LEO UND LEA SAUSEN LOS.
LEO SUCHT DAS **e**.
ELE SCHAUT ZU.
LEA SUCHT DAS **a**.

– SCH erhalten Anregung zum Speichern von Groß- und Kleinbuchstaben

AU

ELE SCHAUT AUS DEM FENSTER.
ALLE KINDER LAUFEN NACH HAUSE.
MAMA SCHAUT AUS DEM AUTO.

AU G E N

AU F

AU T O

H AU S

B AU M

 CH

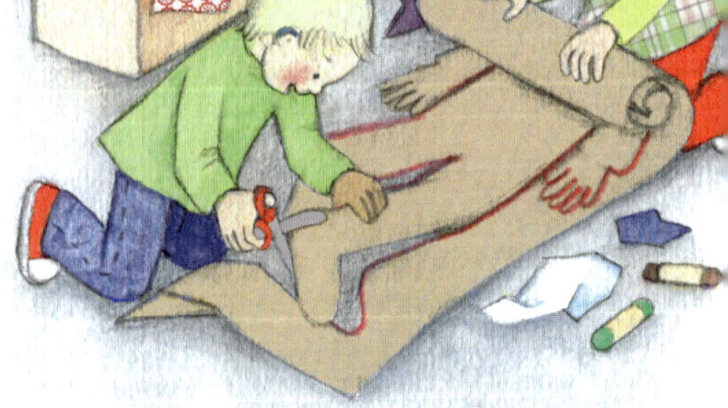

I CH H A B E

– SCH erlernen CH als Signalgruppe
– SCH erhalten Ideen zur kreativen Auseinandersetzung mit dem eigenen ICH

– AH 30

T AU CH E N

L A CH E N

S U CH E N

R E CH N E N

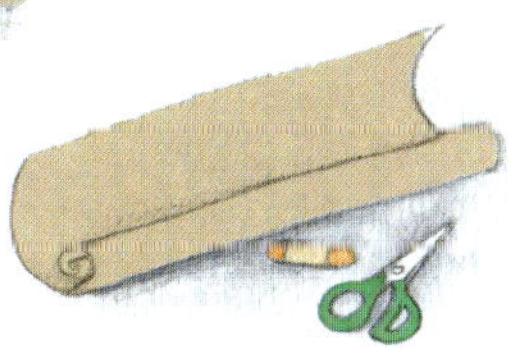

K O CH E N

MANCHE SACHEN
MACHEN MIR FREUDE.
WAS MACHST DU GERNE?

Erstelle einen Ich-Umriss.
Male oder schreibe,
was du gerne tust.

Aha So geht es leichter

Heftet euch Bildkarten an, lauft herum und findet Kinder mit den gleichen Anlauten.

Finde Wörter mit dem gleichen Anlaut. Schreibe, male oder klebe Bilder auf.

- SCH erkennen die Lautstruktur von gleichen Anlauten
- SCH setzen Laut und Buchstaben in Beziehung
- SCH schreiben Buchstaben zu Lauten

- AH 25-28

SILBEN SCHWINGEN

Hüpft die Silben der Kindernamen aus eurer Klasse.

Zerlegt Wörter in Silben. Schreibt auf.

- SCH durchgliedern Wörter in Silben
- SCH unterscheiden Wörter nach Silbenzahl
- SCH schreiben Silbenbögen (sprechen silbisch mit)

– AH 31

Aha So geht es leichter

Sucht die Vokale (Leuchter) und schreibt sie auf.

Schreibe deinen Namen auf ein Blatt. Markiere die Vokale (Leuchter) gelb.

– SCH erkennen, dass jede Silbe einen Vokal hat
– SCH nehmen die Silbenstruktur in Wörtern wahr
– SCH gliedern nach Lauten und Silben

– AH 25-28

ELE-PLAN:
KEIN LAUT DARF FEHLEN.

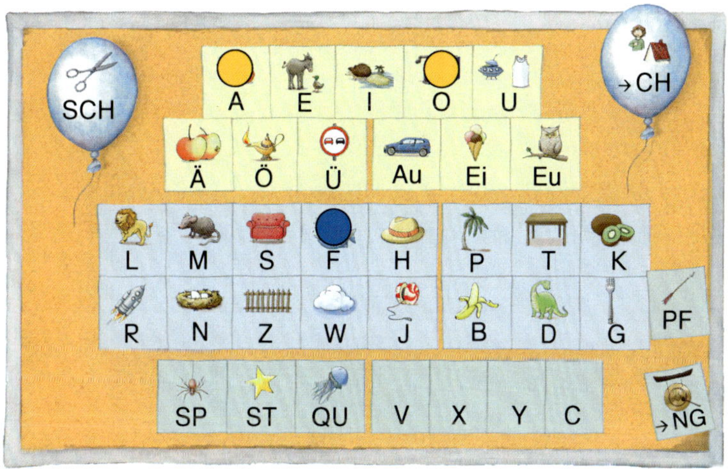

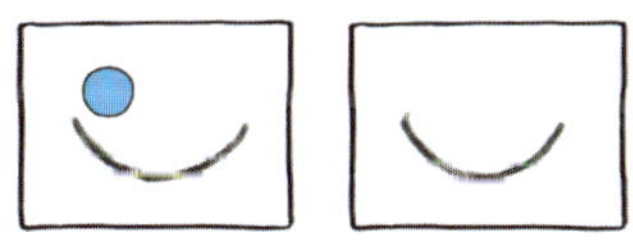

Wie arbeitet ihr mit dem Ele-Plan?
Erklärt abwechselnd alle Schritte.

Schreibe ein Wort mit dem Ele-Plan auf.

Paul Klee

1

2

3

4

5

6

 S s

 L l

b i n

WO IST DER ESEL?
DER ESEL IST
HINTER DEM ZAUN.
ER SCHAUT ZU.

– SCH schulen visuelle Wahrnehmung
– SCH erfassen die Buchstaben/Laute S s und L l auditiv und visuell

– AH 39-42

N n

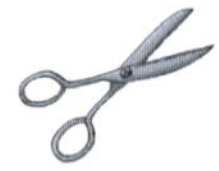

Sch sch

Lea und Leo lesen Schule .

Ele und Lea lesen Schale .

Lisa und Sinan suchen Lauch .

Sinan und Lola suchen Schlauch .

u n d

 ICH LESE EIN BUCH.

 ICH NASCHE MELONEN.

 ICH MALE UNSERE SCHULE.

 Mm  Pp

Mona und Paul malen.

Mona und Paul lesen.

Paul und Mona suchen M und A.

WIR SCHREIBEN WÖRTER
MIT DEM ELE-PLAN.

Arbeitet mit dem Ele-Plan

– SCH automatisieren die Arbeit mit dem Ele-Plan

Papa und Opa machen  .

Papa und Opa lachen.

Paul und Mona machen plopp, plopp.

Paul und Mona naschen  .

PAPA MAG KEIN POPCORN.
ER HOLT SICH PAPRIKA.
WAS MAGST DU GERNE?

 Tt

 Kk

Tim macht Musik.

Kati macht mit.

Es ist laut.

– SCH erzählen in Sätzen zum Bild

IN DER FREIZEIT
MACHEN WIR MUSIK.
WIR TANZEN UND TURNEN.
WAS MACHST DU?

Schreibe oder male, was du in der Freizeit machst.

Aha So geht es leichter

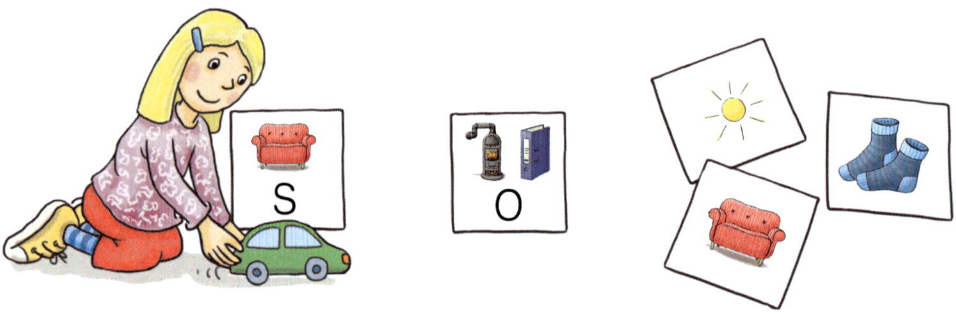

Lies einem anderen Kind vor.
Welches Wort kann passen?

Lies Silben und male ein passendes Bild.

– SCH erlesen Wortanfänge und bauen Leseerwartungen auf

– AH 53

KEINE PAUSE:

SPRICH SOFORT DEN VOKAL (LEUCHTER).

Lies einem anderen Kind vor.
Welches Wort kann passen?

Verzaubere Silben, schreibe auf ein Blatt:
TA – KA   TI – KI   TO – ... Male dazu.

Aha So geht es leichter

WÖRTER BRAUCHEN ABSTAND.

Lies mit einem anderen Kind den Streifen.
Welche Wörter findet ihr?

Schreibe einen Streifen für ein anderes Kind.
Tauscht die Streifen, zerschneide die Wörter,
klebe oder schreibe auf.

– SCH beachten Wortabstände

– AH 66

EIN SATZ HAT MEHRERE WÖRTER.

Sagt einem Kind einen Satz.
Legt dabei die Steine für die Wörter.
Wie viele Wörter habt ihr?

Schreibe einen Satz über Ele auf ein Blatt.

- SCH halten Abstände bei Wörtern ein
- SCH erfassen den Satz als Sinneinheit (grammatisches Prinzip)

- AH 66

Zu Hause bei dir und mir

James Rizzi

1

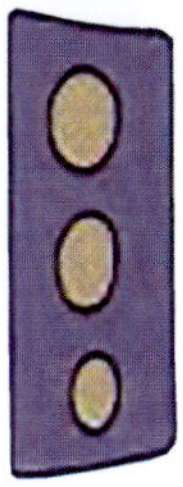
2

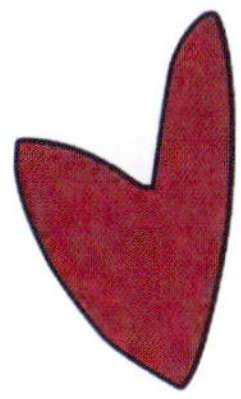
3

4

5

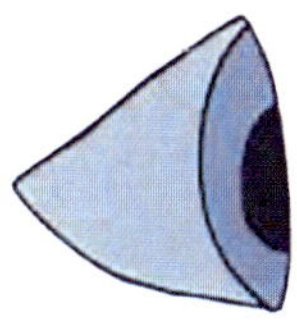
6

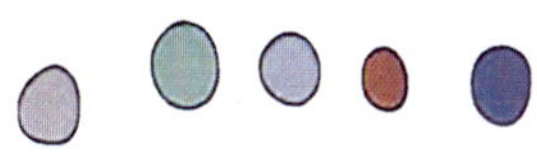
7

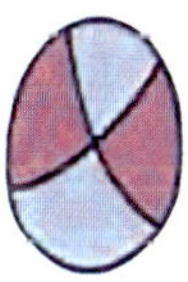
8

9

10

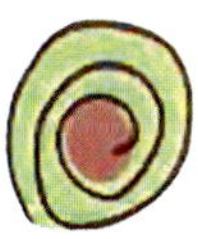
11

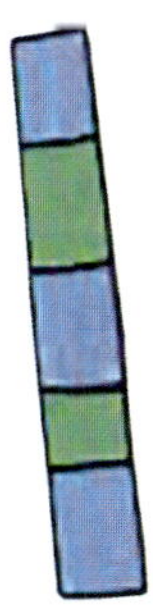
12

R r

Erik und die Piraten

Kater Romeo schnarcht.

Nun machen die Piraten Krach.

Armer Romeo!

Pirat Erik lacht laut und rutscht.

Paul lacht auch.

Sinan sucht die Krone.

die

Erik schaut in die Ramschkiste*.

Die Kiste ist super.

* Seite 140

ERIK HOLT SEINE KISTE.
WO IST EIN R VERSTECKT?
WIEVIELE SACHEN SIND ES?
IST ES ROT UND LAUT?
RATET AUCH MIT!

D d

Unter dem Dach

Lea und Dana suchen
in Omas alter Tasche.

Schau mal!
Da sind Perlen.

In der Tasche sind komische
Sachen.
Dana und Lea schalten das Radio an
und machen Modenschau*.

Scheibe, male oder gestalte,
wie du dich gerne verkleidest.

* Seite 140

MANCHMAL IST ES SCHÖN, EIN ANDERER ZU SEIN.
HAST DU DICH AUCH SCHON EINMAL VERKLEIDET?

– SCH erfassen den Buchstaben/ Laut D d auditiv und visuell
– SCH lesen Text mit Sinnentnahme

– AH 69/70

 H h

Leas Haus

Im Moment ist Ruhe im Haus.
Lea schmust mit Hera
und krault sie
am Hals.

Kater Romeo
huscht umher.

Hase Rudi
hopst
um das Haus.

WO BIST DU ZU HAUSE?
GIBT ES BEI DIR DAHEIM
AUCH TIERE?

sie

– SCH erfassen den Buchstaben/ Laut H h auditiv und visuell
– SCH lesen Text mit Sinnentnahme

– AH 73/74

F f

Fotos, Fotos, Fotos

Lea, Lola und Finn
schauen sich Fotos an.

Lola und Lea schlafen fest.
Das Schaf Fina schaut zu.

zu

Finn schaufelt im Sand.
Er findet die Flaschenpost*.

* Seite 140

FAMILIENFOTOS

JEDE FAMILIE HAT EINE EIGENE GESCHICHTE.
ELTERN UND KINDER LEBEN OFT GEMEINSAM.
MANCHMAL SIND AUCH OMA UND OPA DABEI.
MANCHMAL LEBEN DIE ELTERN GETRENNT.
FÜR JEDEN IST FAMILIE WICHTIG.

Schreibe oder male zu Fotos von dir oder deiner Familie.

– SCH erfassen den Buchstaben/ Laut F f auditiv und visuell
– SCH lesen Text mit Sinnentnahme

– AH 75/76

Ww

Rund um die Welt

Erik hat Postkarten an der Wand.
Wadims Karte ist aus Moskau.
Wilmas Karte ist aus Schweden.
Welche Orte kann man noch sehen?
Wo warst du schon in der Welt?

DIE WELT ERFORSCHEN
NICHT JEDER, DER IN DEUTSCHLAND LEBT,
IST AUCH HIER GEBOREN:
WOHER KOMMST DU?

Schreibe oder gestalte etwas
zu deinem Heimat- oder Ferienort.

– SCH erfassen den Buchstaben/ Laut W w auditiv und visuell
– SCH lesen Text mit Sinnentnahme
– AH 79/80

Ei ei

Lea feiert ein Fest

Lea, Leo und Mona halten
Hinweise in der Hand.
Sie suchen mit einer Karte.
Es wird nicht einfach.
Sucht mit!

1

Holt 2
aus dem
kleinen
Eimer am
Teich.

2

Holt 3
aus Heras
rotem
Hundehaus.

3

An der
Schaukel
ist eine
kleine Kiste.
Schaut hinein.

Was finden die Kinder in der Kiste?

Einen unheimlichen Schleier*?

Eine Krone aus Diamanten*?

Einen Armreif aus Perlen?

Ein Kleid mit Schleife?

Einen kleinen Reiter?

* Seite 140

Nein,

es sind drei 

.

Plant gemeinsam eine Schatzsuche.

EINE SCHATZSUCHE IST UNHEIMLICH AUFREGEND.
NUR WER DEN HINWEISEN FOLGT,
FINDET AM ENDE DAS ZIEL.

Aha So geht es leichter

Menschen, Tiere, Pflanzen und Dinge sind Nomen.

Sortiert Nomen. Klebt die vier Zeichen für Menschen, Tiere, Pflanzen und Dinge auf Sachen im Klassenzimmer.

Bring von daheim Beispiele für Nomen mit. Male, klebe, stempele, schreibe Wörter und Bilder auf.

– SCH bestimmen und kategorisieren Nomen

– AH 71

Nomen schreibe ich am Anfang groß.

Schreibt Schilder für Sachen und klebt sie an passende Stellen.

Sammelt die Schilder für Menschen, Tiere, Pflanzen und Dinge. Schreibt sie auf.

Aha So geht es leichter

Artikel begleiten ein Nomen:
der, die, das oder ein, eine.

Klebt passende Artikel an Dinge: der Tisch ...
Überlegt euch Sätze und schreibt sie auf:
Der Fisch ist blau. Die Kiwi ist ...

Schreibe deine Lieglingssachen
mit einem Artikel auf ein Blatt.
Male oder klebe ein Bild dazu.

– SCH ordnen Nomen den Artikeln zu

– AH 72

Sätze: Am Anfang schreibe ich groß.
Am Ende mache ich einen Punkt.

Ziehe mit einem Partner Wortkarten und bildet gemeinsam lustige Sätze.

Schreibe die Sätze auf.
Wie gut gelingen dir die Sätze?
Zeichne ein Gesicht dazu.

– SCH beachten die Großschreibung am Satzanfang, den Punkt am Satzende
– SCH erfassen den Satz als Sinneinheit (grammatisches Prinzip)

– AH 83/84

In der Nacht

Paul Klee

A
B
C
D

Wie ist denn das Bild entstanden?

St st

Einen Wunsch frei

Lukas soll ins  .
Doch er stellt sich auf den Sessel.
Er staunt: Die Sterne sind so hell.
Mama sucht den Polarstern*.

* Seite 140

Manchmal kannst du
einen hellen Streifen
am Himmel sehen.
Das ist eine Sternschnuppe.
Dann hast du einen Wunsch frei.

Nach einer Weile streichelt Mama
Lukas am Arm: Komm, schlafen!

Lukas kuschelt sich
in sein Kissen.
Schnell ist er
in einem anderen Land.

Welchen Wunsch hat Lukas?

Schreibe oder male zu
einem Traum oder Wunsch.

Eine Sternschnuppe ist ein kleiner Himmelskörper*.
Er besteht aus Eisen oder Stein.
Man sagt auch Meteor dazu.
Um eine Sternschnuppe zu sehen,
brauchst du viel Glück.

* Seite 140

Sp sp

Spuk um Mitternacht

Lukas ist bei Paul zu Besuch.
Es ist schon nach Mitternacht.
Doch Lukas kann nicht schlafen.

Es raschelt am Fenster.
Da ist ein Schatten ...

Nun ist auch Paul wach.
Er murmelt leise:
Das ist nur unser Kater.
Er ist immer nachts wach.

Lukas holt sich eine Flasche Sprudel.
Das hilft oft, wenn er nicht schlafen kann.
Was machst du, wenn du nachts
nicht schlafen kannst?

Echte Kerle haben keine Angst
vor spukenden Gespenstern.
Denn die gibt es doch gar nicht.
Oder doch? Die zwei Jungs
sind sich nicht so sicher.

Denkt euch gemeinsam eine Spukgeschichte aus und schreibt sie auf.

 G g

Gespenster sind gar nicht gruselig

Greta mag Gespenster,
alle Arten von Gespenstern:
Lachgespenster, Nachtgespenster,
Flattergeister*, Schlossgespenster, …

* Seite 140

Greta mag Geschichten mit Gespenstern,
sogar als Gute-Nacht-Geschichte!
Greta gruselt sich gerne!

Greta wartet schon richtig lange.
Papa soll mit der Geschichte anfangen.
Er mag Gespenster genauso gerne.
Er nimmt das  und legt los!

Greta lauscht gespannt.
Sie hat keine Angst.

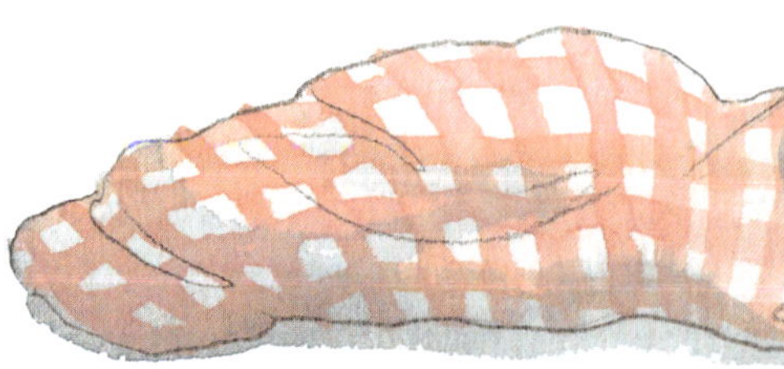

Lest anderen Kinder
eure Spukgeschichte vor
(zu Seite 59).

– SCH erfassen den Buchstaben/ Laut G g auditiv und visuell und üben die Buchstabenverbindung ng in Wörtern

– AH 97-100

J j

Gespenster im Juni

Mama gibt Greta einen Gute-Nacht-Kuss.

An meinem Geburtstag will ich eine Gespensterfeier* machen!

Und dann spuken alle jaulend durch das Haus? Nein!

Im Juni kann man doch gut im Garten feiern.

Das stimmt, es ist jedes Mal warm an deinem Geburtstag.

Kann ich Lea, Jonas und Lukas einladen? Und den Jungen, der mit mir Judo macht?

Na gut. Ja!

Juhu!

* Seite 140

Überlegt euch, wie Mama und Greta Papa überzeugen. Spielt das Gespräch anderen Kindern vor.

Der eigene Geburtstag ist immer ein besonderer Tag.
Bist du am Abend vorher auch schon aufgeregt?
Kannst du in der Nacht gut schlafen?
Wachst du ganz früh auf?

Aha So geht es leichter

Denkt euch Sätze aus.
Beweist euch gegenseitig die Nomen.

Sucht euch Nomen im Klassenzimmer aus,
schreibt sie auf und die Beweise dazu.
Zeichne ein Gesicht dazu.

Eine Maus ist ein Tier.
Ein Junge rennt.
Die Rose ist eine Blume.
Der Hut ist rot.

Ich sehe St st und Sp sp, aber ich höre und spreche scht und schp.

Macht Bewegungen zu Bildern:
St – streckt euch nach den Sternen,
Sp – macht euch klein wie eine Spinne,
Sch – schneidet wie mit einer Schere.

Schreibe St- und Sp-Wörter
und male oder klebe Bilder dazu.
Zeichne ein Gesicht dazu.

So geht es leichter

Vokale (Leuchter) werden
lang – oder kurz • gelesen.

Na se

So fa

Lu pe

offene Silbe

wird lang – gelesen

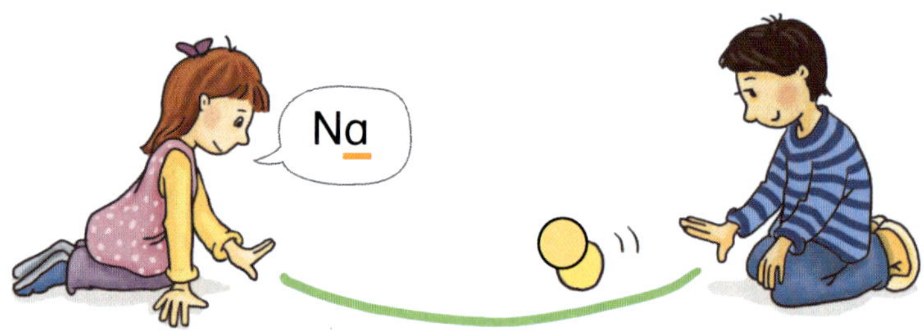

Sprecht die Wörter normal
und in Pilotsprache.

Schreibe dir Wörter von der Seite auf,
die du dir merken willst.
Zeichne ein Gesicht dazu.

geschlossene Silbe

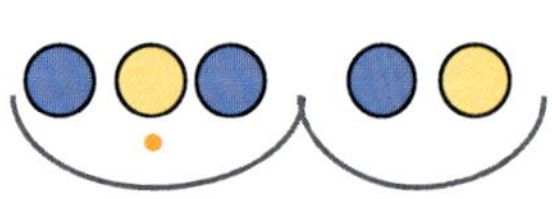

wird kurz • gelesen

Son ne

Pup pe

Wel le

– SCH unterscheiden die Vokallänge
bei offenen und geschlossenen Silben

– AH 96

Achtung: Schlawiner-e in -er, -el, -en!
Denke an die Silben.

Sprecht Wörter mit Schlawiner-e in der Pilotsprache.

Schreibe die Wörter von der Seite auf, die du dir merken willst. Zeichne ein Gesicht dazu.

Joan Miró

Wo sind die Formen
in dem Bild?
1
2
3
6
7
5
8
4
9
10
11

 B b

-h-

Im Schwimmbad

Bea und Hannah wollen baden gehen.
Beas kleiner Bruder Basti bettelt:
Ich will auch mit.

Die Kinder nehmen ihre Badetaschen.
Was brauchen sie alles?
Bikini, Badehose, Badeschuhe,
Handtuch und Duschgel.
Der bunte Wasserball darf
auch nicht fehlen.
Mama belegt noch Brote,
denn Baden macht hungrig.

Male und schreibe eine Geschichte von einem Badeschuh.

Im Schwimmbad springt Bea ins Wasser.
Mama schwimmt ihre Bahnen
und staunt: Huch, ein Krokodil –
aber das ist nur aus Gummi.

Hannah will unbedingt rutschen.
Sie schnappt sich einen Badereifen
und geht die Stufen nach oben:
Bahn frei!
Juhu!

In großen Bädern gibt es tolle Rutschen
mit engen Kurven oder dunklen Röhren.
Der Bademeister beobachtet die Rutsche.
Manche Kinder oder auch Erwachsene
wollen nicht warten. Sie achten nicht darauf,
ob der Vordermann weit genug weg ist.
So können Unfälle passieren, die wehtun.
Also immer nur bei grüner Ampel rutschen.

– SCH erfassen den Buchstaben/ Laut B b auditiv und visuell und lernen Wörter mit stummem h wortspezifisch kennen sowie das silbentrennende h deutlich zu sprechen

– AH 105-107

Z z

tz

Beim Zahnarzt

Lea ist zum ersten Mal bei einem anderen Zahnarzt.
Zuerst ist sie ein wenig zaghaft und leise.

Aber mit Ele zusammen traut sie sich auf den Stuhl.
Der Arzt ist ganz nett zu ihr und zeigt ihr alles.
Jetzt macht Lea ihren Mund weit auf.
Der Arzt schaut genau, ob alles gesund ist.

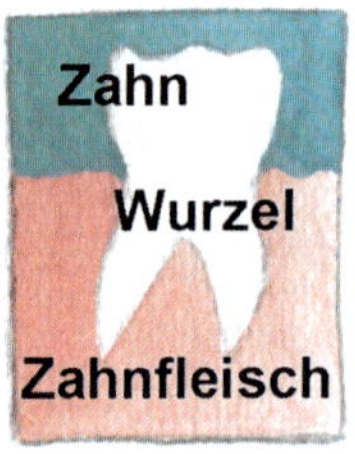

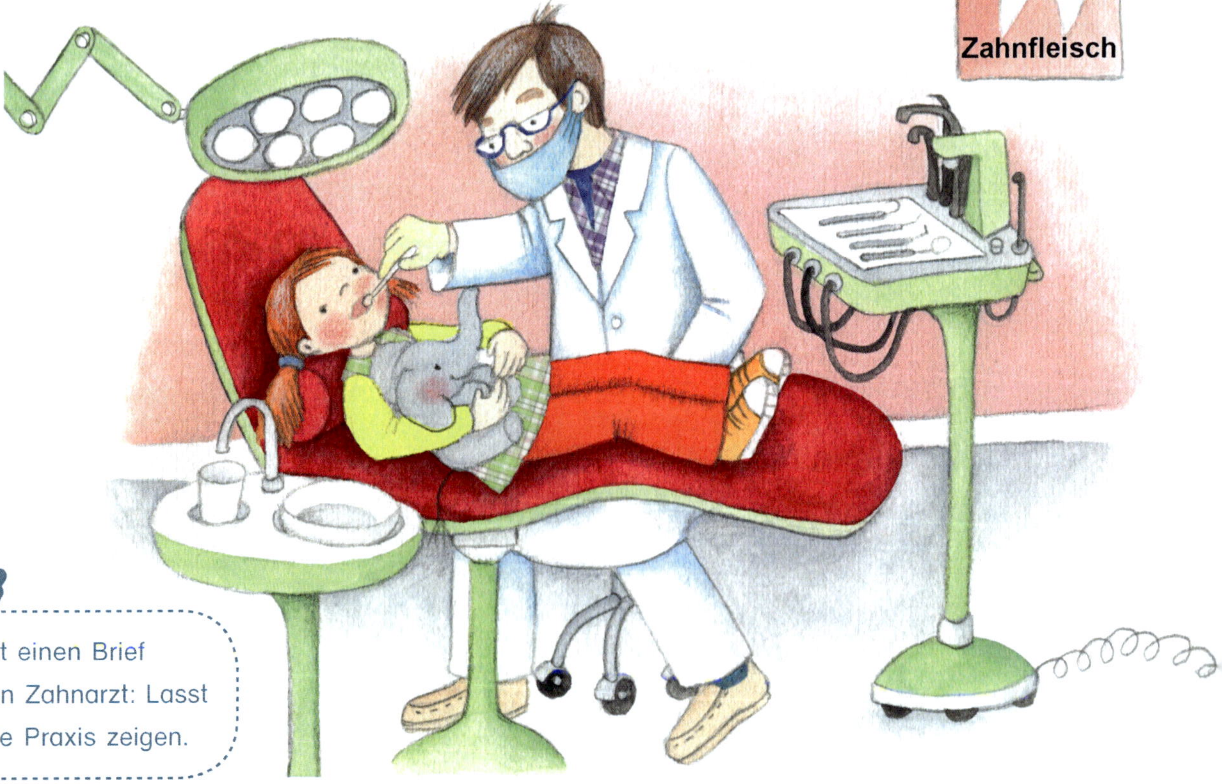

Schreibt einen Brief an einen Zahnarzt: Lasst euch die Praxis zeigen.

Die Helferin zeigt Lea an einem Gebiss aus Plastik, wie sie richtig putzen muss.

Putzen ist der beste Schutz!

Zähne putzen, das ist wichtig.
Dreimal täglich und zwar richtig.

Denke dran: von Rot nach Weiß,
auf und ab und auch im Kreis.

Wenn du groß bist, hast du 32 Zähne!

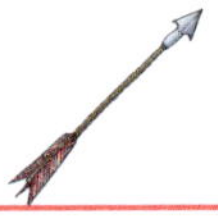 Pf pf

ß

Ein heißer Kampf

Fabio hat nur Fußball im Kopf.
Draußen auf dem Fußballplatz
macht es großen Spaß.

Genau mit dem Schlusspfiff
gelingt Fabio ein Kopfball.

Doch was ist das?

Der Ball geht an den Pfosten, prallt ab
und trifft Jannik direkt am Kopf …

Fabio flitzt hin und schaut auf die Stirn.
Aber es ist keine große Wunde.
Jannik braucht nur ein Pflaster
und eine Hand zum Aufstehen.

Fabio klopft ihm auf die Schulter.
Jannik ist wirklich tapfer.

Male oder beschreibe eine Szene aus einem Fußballspiel.

Der Schiedsrichter ist der Chef auf dem Platz.
Aber er hat keine leichte Aufgabe.
Er passt auf, dass alle Spieler die Regeln einhalten.
Wenn er pfeift, wird das Spiel unterbrochen.
Er entscheidet, was passiert.

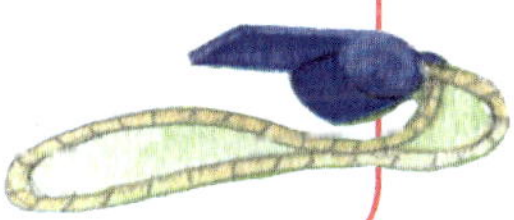

 Ä ä

 Ö ö

 Ü ü

Anna will eine berühmte Tänzerin werden

Anna geht regelmäßig zum Tanzen.
Tüchtig probt sie an der Stange.
Für die Figuren und Sprünge
ist es nötig, dass sie öfter übt.
Anna hört Musik und
zählt die Schritte mit.
Dabei achtet sie auf
ihre Füße und
ihre Haltung.

Nach der Stunde ist Anna müde, aber froh.
Erschöpft sitzt sie auf dem Boden und
schaut den größeren Mädchen zu.

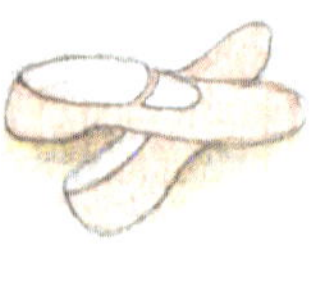

Fast täglich wünscht sich Anna Spitzen-Schuhe*
und ein schönes Tutu (sprich: Tütü).
Sie möchte später berühmt werden
und auf der Bühne tanzen!

Scheibe, male oder gestalte,
was du später werden willst.

Tutu ist ein französisches Wort und bedeutet
ein kurzes Röckchen für Ballett-Tänzerinnen.
Es besteht aus mehreren Schichten Tüll.
Es ist das Kostüm einer Ballerina*.

* Seite 140

Viele Männer und auch Jungen glauben,
dass Tanzen nur etwas für Frauen und Mädchen ist.
Es gibt aber viele berühmte Ballett-Tänzer.
Sie müssen ungeheuer stark und kräftig sein,
damit sie die schwierigen Figuren schaffen.

Aha So geht es leichter

Nomen kann ich zusammensetzen.

Handtasche	Zahnbürste	Baumhaus

Legt in Gruppen neue Wörter-Reifen. Bildet möglichst viele zusammengesetzte Nomen.

Schreibe Wortkarten mit Nomen auf und verteile sie in der Klasse. Finde zusammengesetzte Nomen.

– SCH nutzen Zusammensetzungen zur Wortbildung
– SCH schreiben richtig ab

– AH 108/ 119

Aus eins mach zwei – Zauberei:
Ich höre d – g – b dabei.

Hund

Hunde

Ber ge

Bur gen

Spielt Memory mit Karten:
Aus eins wird zwei,
ich höre d – g – b dabei.

Lege eine Tabelle an
und ordne d – g – b zu.
Zeichne ein Gesicht dazu.

– SCH verlängern Wörter mit Plosivlauten am Ende
– SCH unterscheiden weiche von harten Plosivlauten (Verlängerung)

Aha So geht es leichter

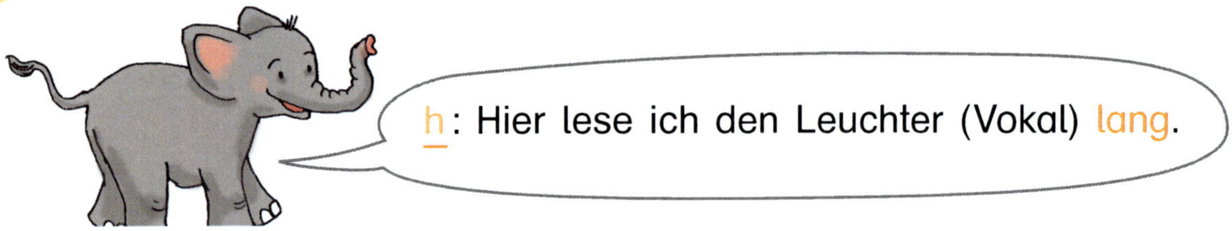

Welchen Vokal (Leuchter) hört ihr lang?

Schreibe Sätze zu den h-Wörtern.

1. Lies und male an.
2. Schreibe mit dem Finger.
3. Schreibe ins Heft.
4. Vergleiche. Richtig?

– SCH nutzen das nicht hörbare h als Lesetrategie

– SCH wenden Abschreibstrategie an

tz: Hier lese ich den Leuchter (Vokal) kurz.

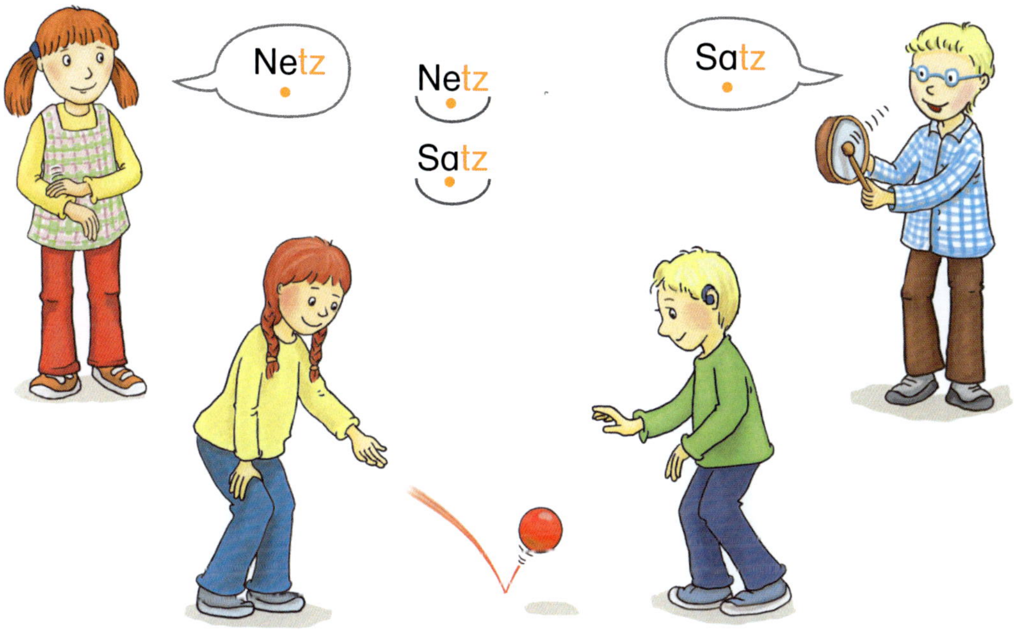

Netz

Satz

Hüpft die Silben
und achtet auf die Pause bei tz.

Tippe die Wörter am Computer
und drucke sie aus.

geschlossene Silbe:
Kat ze

Spit ze

Pfüt ze

Tat ze

Franz Marc

Wo kommst du her?

Wo willst du hin?

Wo bist du am liebsten?

Woran denkst du?

Was willst du am liebsten?

Warum bist du blau?

– SCH überlegen sich Fragen, die sie dem blauen Pferd stellen können

Vv ie

Tiere vorstellen

In der Klasse sprechen die Kinder über Tiere.
Bis Dienstag soll jeder ein Tier auswählen,
das er den anderen vorstellt.

Die Lehrerin geht mit den Kindern in die Bücherei:
Lola sucht im Internet nach interessanten Tieren.
Sinan sieht in einem riesigen Tierbuch nach.
Er liest etwas über Siebenschläfer*.
Mona leiht sich eine DVD über Waldtiere.
Lea versucht etwas über Singvögel* herauszufinden.

* Seite 140

– SCH lernen Wörter mit V v wortspezifisch kennen
– SCH lernen Wörter mit ie als langes i zu lesen

– AH 109-112

Lea kennt aus ihrem Garten
viele verschiedene Vögel.
Sie möchte die Kohlmeise vorstellen.
Deshalb schaut sie in das Buch über Singvögel,
das sie in der Stadtbücherei ausgeliehen hat.

Dann verfasst Lea die Beschreibung.
Einiges hat sie selbst beobachtet.

Gestaltet gemeinsam einen Steckbrief zu einem anderen Tier. Stellt euren Steckbrief vor.

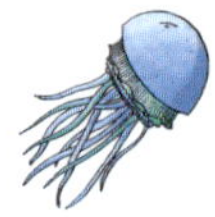
Qu qu

Qualen-Quiz

Hat eine Qualle Knochen?
Nein! Sie hat auch kein Herz und kein Gehirn.
Unter dem Schirm hat sie den Mund.
Mit den Tentakeln (Fangarmen) schnappt sie ihre Beute.

Wie groß sind Quallen?
Es gibt viele Quallen-Arten.
Die kleinsten sind so groß wie der Kopf einer Nadel.
Einige Quallen sind so groß wie dein Bett lang ist.
Kein Quatsch!

Wie schwimmen Quallen?
Quallen ziehen den Schirm zusammen und öffnen ihn.
So bewegen sie sich.
Sie lassen sich mit der Strömung treiben.

Quälen Quallen?
Wenn du die Tentakeln berührst, kann das brennen.
Das tut manchmal sehr weh.
Nimm auf keinen Fall Wasser und berühre die Stelle nicht.
Gib Sand oder Essig auf diese Stelle.

Gestaltet gemeinsam ein Quiz zu einem Lieblingstier. Macht in der Klasse eine Quizrunde.

– SCH lernen die Buchstabenverbindung Qu qu als phonologische Regelhaftigkeit kennen

– AH 127/128

Y y

Das Yak (sprich: Jak)
Es ist eine Art Rind.
Yaks leben in Asien.
Auf der Weide bleiben Yaks zusammen.
Menschen bekommen von den Yaks
Milch, Fleisch, Leder und Wolle.

Das Pony (sprich: Poni)
Es ist ein Kleinpferd.
Ponys leben in vielen Ländern der Welt.
Ein Pony hat recht kurze Beine.
Weil das Pony eher klein ist,
ist es gut für Kinder zu reiten.

Die Hyäne (sprich: Hüäne)
Sie ist ein katzenartiges* Tier.
Diese Raubtiere leben in großen Gruppen
in Wüsten und Graslandschaften*.
Die Vorderbeine sind länger und
kräftiger als die Hinterbeine.

* Seite 140

Beschreibe dein Lieblingstier.

Eu eu

Die Eule

Heute sollte die kleine Eule fliegen lernen.
Die Eulenmutter flog auf den Baum gegenüber.
Ihre Augen leuchteten zur kleinen Eule herüber.
Die kleine Eule war unsicher und scheute sich.
Fliegen war etwas ganz Neues für sie.

Aber sie nahm ihren ganzen Mut zusammen,
breitete die Flügel aus und ließ sich fallen.
Sie segelte durch die Luft und landete
auf dem Dach einer Scheune.
Sie wollte neue Kraft sammeln.
Aber sie erschrak. Ein scheußliches schwarzes Tier
kam auf sie zu. Schnell flatterte die kleine Eule
mit den Flügeln. Und auf einmal stieg sie
hoch in die Luft. Sie konnte wirklich fliegen!
Sie freute sich!

Schreibe oder male, wie Du einmal viel Mut gebraucht hast.

Im Buch über diese kleine Eule erfährst du, welche Abenteuer sie erlebt.

– SCH lernen die Buchstabenverbindung Eu eu als phonologische Regelhaftigkeit kennen

– AH 131/132, 137

ck

Dackel Dicki

Hallo Leute, ich bin der Dackel Dicki.
Gerne helfe ich meinen Menschen
und suche die Socken.

Schon am Morgen fege ich
die Treppe.

Manchmal hole ich sogar
die Hose von der Leine.

Ab und zu packe ich auch
die Einkaufstasche aus.

Oft arbeite ich im Garten.
Dabei werde ich dann
so richtig dreckig.

Am Abend verstecke ich mich
unter meiner Decke.

Schreibe in Stichworten,
wie dein Tag verläuft.

Aha So geht es leichter

Ein **ie** lese ich immer **lang**.

Viele Tiere lieben Fliegen.

Sieben Bienen fliegen los.

Vier Ziegen lieben Flieder.

Die Riesen liegen auf der Wiese.

Spielt stille Post:
Der erste flüstert ein ie-Wort.
Der letzte schreibt das Wort auf.

Finde Reime und schreibe auf:
Wiese – Riese, Ziege – Fl..., liegen – ...

Zw■■bel

W■■se

Z■■ge

7

s■■ben

offene Silben:
Biene

– SCH erfassen das ie als Lesestrategie

Vor ß lese ich den Vokal lang.

Ich habe viele Füße.

Ich mache Spaß.

Ich bin sehr groß.

Ich übe fleißig.

Denkt euch lustige Sätze mit ß-Wörtern aus. Kann dein Partner die Sätze nachsprechen?

Merke dir drei ß-Wörter und schreibe sie auf. Zeichne ein Gesicht dazu.

– SCH erfassen das ß als Hinweis zur Lesestrategie für den vorausgehenden Vokal

So geht es leichter

ck: Hier lese ich nur k.
Den Vokal davor lese ich kurz.

Decke	Sack
Hecke	Lack
Socke	Mücke
Locke	Lücke

Lest Sätze mit ck-Wörtern auf Lesestreifen.

Schneidet Wörter mit ck aus Zeitungen und klebt sie auf.

– SCH erfassen das ck als Hinweis zur Lesestrategie für den vorausgehenden Vokal

– AH 135

Wörter mit Vv und Yy merke ich mir.

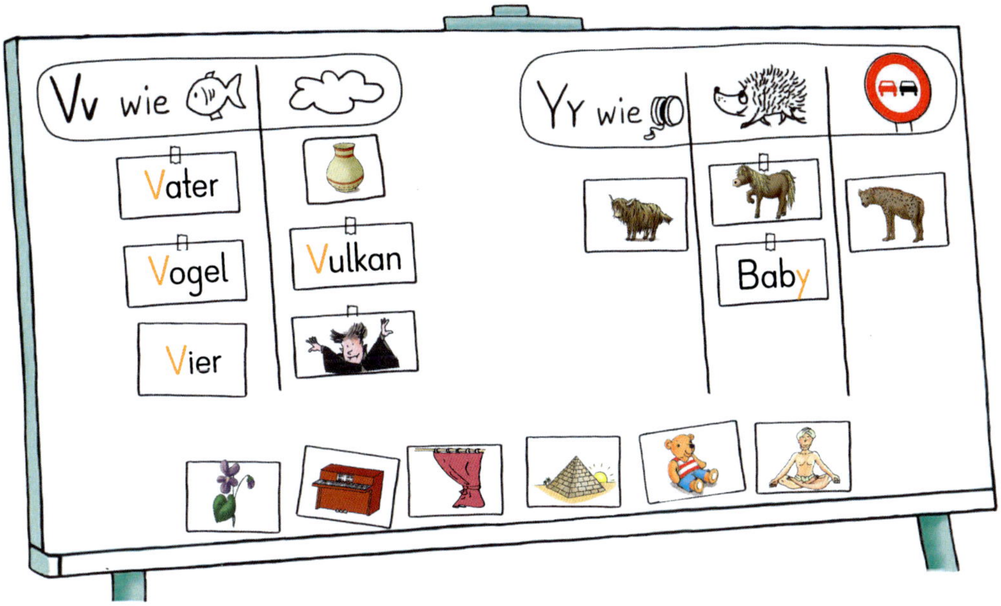

Erstellt Plakate für Wörter mit Vv und Yy.
Stellt die Plakate in der Klasse vor.
Nutzt Wörterlisten aus einem Wörterbuch.

Merke dir drei V- und drei Y-Wörter mit gleichem Klang und schreibe sie auf.

– SCH erkennen Wörter mit Vv und Yy als Merkwörter
– SCH unterscheiden Klangqualitäten bei Wörtern mit Vv und Yy
– SCH machen Erfahrungen mit Wörterlisten

– AH 136

Wassily Kandinsky

Fünffüßlerflügeltier

Luftbauchkissenrotgesicht

Dreibeinpanzertier

Zwillingsschlangenschwimmer

1

2

3

4

Äu äu

Hotzenplotz – eine Räubergeschichte

Den Räuber Hotzenplotz hat sich Otfried Preußler vor mehr als fünfzig Jahren ausgedacht und dann aufgeschrieben.

Um eine Räuber-Geschichte zu erzählen, musste er erst seinen Kopf aufräumen und einen guten Namen finden.

Es sollte kein häufiger Name sein wie Müller, Schmidt oder Bauer.

Pistolinski und Pistolatzki sind zwar selten, aber äußerst komisch und schwer zu lesen.

Otfried Preußler kam aus Böhmen. Dort gab es die Stadt Hotzenplotz. Und das wurde der Name für den dickbäuchigen Räuber, den ihr alle kennt.

Überlege eigene Räubernamen. Schreibe und male auf ein Blatt.

– SCH lernen das Stammprinzip bei Wörtern mit äu kennen

– AH 139

http://www.

Theater | Museum | Fan-Shop | Bistro | Aktuell | eCards | Suche

Spitalgasse
Stars
Spielplan
Termine
Theaterkasse
Karten online
AGB
Wegbeschreibung
Besucher-Infos
Ensemble
FAQ
eCards
Tournee
Sponsoren
Partner
Kontakt

Kurzbeschreibung

Der Räuber Hotzenplotz

Hotzenplotz – vom Kaffeemühlendieb, dem der Kasperl und der Seppl das Handwerk legen.

Empfohlen ab 5 Jahre,
Spieldauer circa 90 Minuten.

Die Aufführungsrechte liegen bei:
Verlag für Kindertheater
Uwe Weitendorf GmbH
Hamburg

zurück

zum Seitenanfang | Seite drucken | Newsletter-Abo

Heute gibt es die Geschichte in dreißig anderen Sprachen:
Auf Englisch heißt er Robber Hotzeplotz,
auf Spanisch El Bandido Saltodemata,
auf Norwegisch Pannebrask
und auf Russisch Dadao Huochenbuluci.

Sammelt Wörter aus anderen Sprachen. Schreibt und klebt auf. Stellt die Wörter in der Klasse vor.

Cc Ch

Mit dem PC kann man viel machen

Nach den Hausaufgaben kommen Chris und Anna zu Carla.
Carlas Mutter hat in ihrem Arbeitszimmer einen Computer,
an den sie die Kinder manchmal lässt.
Sie möchte nur wissen, was die drei am PC vorhaben.
Carlas Mutter wird gleich mit ihrer Arbeit fertig sein.
Sie will nur noch eine E-Mail an ihren Chef senden.

Endlich dürfen Carla, Chris und Anna an den Computer.
Sie wollen Fragen beantworten zum Räuber Hotzenplotz.
Das Buch bekommen sie gerade in der Klasse vorgelesen.

Danach spielen die drei noch draußen im Hof.
Carlas Mutter achtet immer sehr darauf,
dass sie nicht zu lange am Bildschirm sitzen.

Schreibe und male, was du am Computer machst.

– SCH berichten von eigenen Medienerfahrungen

Papa hat mitbekommen, wie sehr seine Tochter die Geschichten vom Räuber Hotzenplotz mag.
Papa schlägt vor, dass sie im Internet nach dem beliebten Räuber suchen.

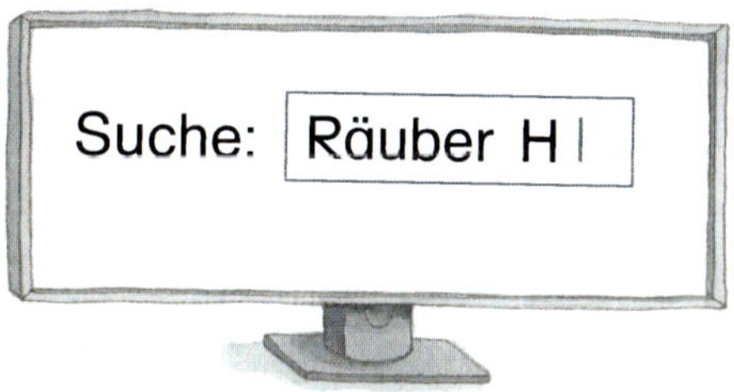

Mit der Suchmaschine sind sie gleich erfolgreich.
Sie finden viele CDs, Bücher – und was das Tollste ist:
Das Kindertheater plant eine Aufführung vom Hotzenplotz.
Papa bucht gleich die Eintrittskarten im Internet.
Carla freut sich schon jetzt auf Samstag.
Cool, was ein PC alles kann!

Das wichtigste Bauteil im Computer ist der Mikro-Chip.
Auf diesem Chip sind ganz viele Dinge gespeichert,
die dem Gerät sagen, was es machen soll.
Solche kleinen Plättchen sind auch in anderen Geräten:
zum Beispiel in Hörgeräten, in Waschmaschinen,
in Fahrkarten-Automaten und in Ampeln.
Auf EC-Karten kannst du den glänzenden Chip sogar sehen.

X x

Die kleine Hexe und ihr Rabe

Die kleine Hexe besaß einen Raben,
der sprechen konnte.
Das war der Rabe Abraxas.

Die kleine Hexe hielt große Stücke auf ihn,
weil er ein ausnehmend weiser Rabe war,
der in allen Dingen die Meinung sagte
und nie ein Blatt vor den Schnabel nahm.

Der Rabe Abraxas saß neben der kleinen Hexe und
war unzufrieden. „Du sollst einen Regen machen“,
krächzte er vorwurfsvoll, „und was hext du?
Beim ersten Mal lässt du es weiße Mäuse regnen,
beim zweiten Mal Frösche,
beim dritten Mal Tannenzapfen!
Ich bin ja gespannt, ob du wenigstens jetzt
einen richtigen Regen zustande bringst!“

Otfried Preußler

Überlegt euch, was die kleine Hexe noch zaubern soll. Erzählt.

Ob das der kleinen Hexe gelingt, kannst du im Buch von Otfried Preußler nachlesen.

nk

Ein Roboter für Frank

Frank findet Roboter wirklich toll.
Er kennt sie aus Büchern und Filmen.
Nun denkt er sich genau aus,
was sein eigener Roboter tun müsste.

im Meer versinken
ohne zu ertrinken

in bunten Farben blinken
und mit den Händen winken

einen Drachen lenken
und seinen Körper schwenken

an Geburtstage denken
und Geschenke schenken

im Dunkeln
mit den Augen funkeln

Kleider aufheben im Schrank
und Geld abheben von der Bank

Was sollte dein Roboter können?

Überlegt, was euer Roboter können soll.
Einer spielt für die anderen den Roboter,
der andere gibt die Anweisungen.

Aha So geht es leichter

Aus eins mach mehr:
Aus a wird ä, aus au wird äu.

Einzahl a → Mehrzahl ä   Einzahl au → Mehrzahl äu

Apfel	Äpfel	Maus	Mäuse
Hand	Hände	Haus	Häuser
Dach	Dächer	Baum	Bäume
Rad	Räder	Strauß	Sträuße

Legt euch einen Spielplan mit ä- und äu-Wörtern an.
Besorgt euch Bildkarten, würfelt, geht, sucht das Partnerfeld zu eurem Wort.

Findest du noch mehr verwandte Wörter mit ä von a und äu von au?
Markiere die Partnerbuchstaben.

– SCH nutzen die Strategie zum Erkennen von Ableitungen mit Ää und Äu äu

– AH 149

Klebt einen Weg auf den Boden.
Legt Verben und geht den Weg ab:
hüpfen – Sprecht. Ich hüpfe.

Schreibt Verben für den Verbenweg auf.
Was tust du gerne?
Stelle die Tätigkeiten pantomimisch dar.

Aha So geht es leichter

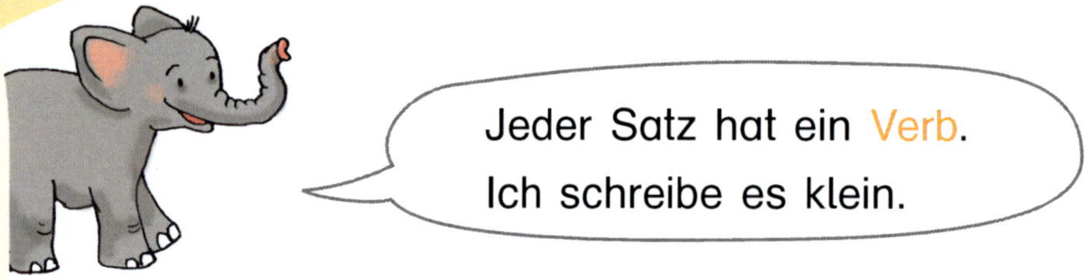

Das Geld liegt im Geldschrank.

Der Räuber geht in die Bank.

Das Auto wartet vor der Bank.

Denkt euch Sätze aus und schreibt sie auf Streifen. Tauscht die Streifen und sucht die Verben.

Findest du die Verben?

– SCH erkennen das Verb in Sätzen
– SCH schreiben das Verb in Sätzen klein

– AH 150

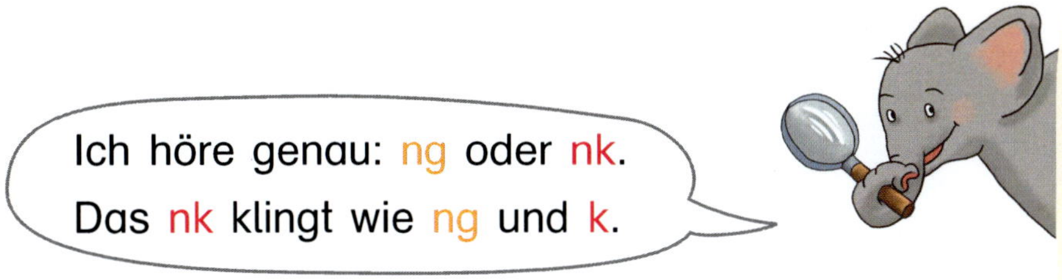

Würfelt lustige Sätze.
Schreibt zwei Sätze auf.

Schneidet Wörter mit ng aus der Zeitung und klebt sie auf.

⚀	Lea und Leo wollen	⚀	singen.
⚁	Weihnachten kann ich	⚁	schenken.
⚂	Im Hof darf ich	⚂	fangen.
⚃	Auf dem Sofa kann ich	⚃	denken.
⚄	Am Abend will ich	⚄	danken.
⚅	Alle Tiere müssen	⚅	trinken.

Lesen, lesen, lesen

Hans de Beer

– SCH benennen Plätze, an denen sie gerne lesen

Der kleine Eisbär

Plötzlich sah er Land vor sich,
grünes Land!
Lars staunte.
Das war nicht
sein weißes Zuhause!
Wo war er nur hingekommen?

Vorsichtig rutschte Lars vom Fass und patschte
durch das seichte Wasser zum Ufer.
Lars taten die Pfoten weh,
als er über den heißen Sand lief.
Er wollte ins Wasser zurück,
doch da tauchte ein riesiges Tier vor ihm auf.

„Buuuuh!“, machte es.
Lars rannte weg.
„Halt! Ich mache doch nur Spaß!
Ich bin Hippo, und du?
Warum bist du so weiß?“

Lars hatte keine Angst vor Hippo.
„Da, wo ich herkomme,
ist alles weiß.“
Und er erzählte ihm
von seiner Reise.
„Aber ich möchte nach Hause!“,
sagte Lars am Ende.

Hippo überlegte nicht lange.
„Der Einzige, der dir helfen kann, ist Drago, der Adler.
Er ist weit in der Welt herumgekommen und wird wissen,
woher du kommst und wie du wieder zurückkehren kannst“,
erklärte er.

„Komm, wir müssen über den Fluss und dann die Berge hinauf.“
„Ich kann – weißt du, ich kann noch nicht gut schwimmen“,
stotterte Lars.
„Kein Problem!“, lachte Hippo.
„Setz dich auf meinen Rücken, ich gehe bestimmt nicht unter!“

Hans de Beer

Hans de Beer wurde 1957 in Mulden geboren.
Das ist ein kleines Dorf in Holland.
Er hat schon in seiner Schulzeit angefangen zu zeichnen.
Hans de Beer zeichnet und schreibt Kinderbücher.
Die Eisbärgeschichten gibt es mittlerweile in 25 Sprachen.

Welche Abenteuer der kleine Eisbär noch erlebt, kannst du hier lesen.

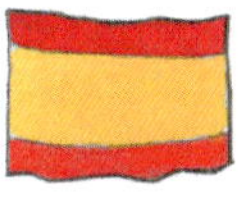

El osito polar
(Spanisch)

Little Polar Bear
(Englisch)

Piuma
(Italienisch)

Macht ein Eisbären-Projekt mit Liedern, Filmen, Quiz ...

Du bist anders – ich bin anders

In unserer Klasse sind viele verschiedene Kinder.
Bei einigen kommen Mama, Papa oder beide
aus einem anderen Land mit einer anderen Sprache.

Die Familien reden zu Hause oft nur wenig Deutsch.
Sie sprechen lieber die Sprache aus ihrer Heimat.
So fehlt den Kindern oft die Übung,
die ein deutsches Kind beim Sprechen
jeden Tag mit seinen Eltern hat.
Mit der Sprache ihrer Eltern
haben diese Kinder aber
einen besonderen Schatz in sich.

Eine andere Sprache zu lernen ist nicht leicht.
Stell dir vor, deine Familie geht in ein
fremdes Land. Dort musst du in eine Schule gehen,
in der die meisten Kinder eine andere Sprache
sprechen.
Alles ist anders und dazu gibt es noch
viele Wörter, die du dir merken musst.
Das ist ganz schön schwer!

Wenn jemand deine Sprache neu lernt,
sprich langsam und deutlich.
Erkläre doch auch mal etwas, wenn man
dich nicht gleich versteht. Frage nach Dingen,
wie sie in der anderen Sprache heißen.

In einem anderen Land ist am Anfang vieles fremd.
Vielleicht hast du das auch schon einmal erlebt?

Wusstest du das?

Viele Dinge, die du gut kennst, gab es noch nicht
immer bei uns. Die Sachen kommen oft aus anderen Ländern.
Menschen, die aus dem Ausland kamen,
um bei uns zu arbeiten und zu leben,
brachten sie mit aus ihrer Heimat.
Heute können wir uns viele Sachen gar nicht mehr wegdenken,
weil sie uns gefallen oder auch gut schmecken.
Dinge aus anderen Ländern machen unser Leben bunt.

Überlegt gemeinsam: Kennt ihr noch mehr Sachen,
die zu uns aus dem Ausland kommen?

– SCH entdecken Gemeinsamkeiten und Unterschiede zu anderen Sprachen und Kulturen

Pippilothek???

Eine Bibliothek wirkt Wunder

„Jetzt hab ich dich“, zischt der Fuchs.
Aber die Maus verschwindet durch ein Kellerfenster.
„Na warte!“, knurrt der Fuchs
und zwängt sich ihr nach durch den Spalt.
Hinunter in den Keller. Über eine Kiste. Durch ein Regal.
Um die Ecke. Hinein in ein enges Rohr und …

Da! Die Maus flitzt um ein Regal,
und der Fuchs saust hinterher.
Plötzlich bleibt die Maus stehen:
„Psst! Wir sind an einem besonderen Ort.
Hier soll man niemanden stören und du störst ganz gewaltig!“
„Gleich schnapp ich dich, gleich gehörst du mir!“,
knurrt der Fuchs.
„Dir gehört hier gar nichts“, kichert die Maus.

„Hier kann man alles nur ausleihen.
Und ICH gehöre dir ganz sicher nicht.
Das ist kein Jagdgebiet, sondern eine Bibliothek."
„Eine Pippi...was?", fragt der Fuchs.
„Eine Bibliothek", sagt die Maus.
Der Fuchs schaut sich um:
„Was ist eine Pippilothek?"
„Ein Ort mit vielen Büchern, mit Büchern zum Ausleihen.
Und Bücher brauchts, um etwas zu erleben.
Um etwas zu lernen. Um auf andere Ideen zu kommen."

Die Maus holt ein Bilderbuch und bringt es dem Fuchs.
„Für dich, damit du auf andere Ideen kommst."

Lorenz Pauli und Kathrin Schärer

Noch viele andere Ideen findest du in: **PIPPILOTHEK???**
Eine Bibliothek wirkt Wunder

– SCH vergleichen nach dem Lesen die neu gewonnenen Informationen mit ihrem Vorwissen

– AH 153

Scherzfragen

Was geht und geht
und kommt nicht weiter?

Die Uhr

Was hängt an der Wand
und gibt jedem die Hand?

Das Handtuch

Was kann man nicht
mit Worten ausdrücken?

Einen Schwamm

Welcher Zahn
kann nicht beißen?

Der Löwenzahn

Überlege dir ein Rätsel
und schreibe es auf.

Witze

Stehen zwei Streichhölzer
an der Bushaltestelle.
Da kommt ein Igel vorbei.
„Guck mal“, sagt das eine Streichholz,
„da kommt der Bus.“

Anna kommt nach dem ersten Schultag
nach Hause.
Oma fragt: „Ist alles gut gegangen?“
„Ich glaube nicht“, meint Anna,
„ich muss morgen wieder hin.“

– SCH tragen Texte lebendig mit Vorlage oder auswendig vor

Abzählreime

Ele mele mink mank
pink pank
use buse ackadei
eia weia weg.

Eins zwei drei vier
fünf sechs sieben,
eine alte Frau kocht Rüben,
eine alte Frau kocht Speck,
und du bist weg!

Zungenbrecher

Können kleine krause Katzen
mit krummen Krallen an den Tatzen
kleine kluge Kinder kratzen?

Wenn der Lutz den Lutscher lutscht,
dann lutscht der Lutz den Lutscher futsch.

Englisch:	Rubber baby buggy bumpers
Sprich:	Rabba bäbi baggi bampers
Deutsch:	Kinderwagengummistoßdämpfer

Schwedisch:	Packa pappas kappsäck!
Sprich:	Packa pappas kappsäck!
Deutsch:	Pack Papas Koffer!

– SCH lesen Texte rhythmisch und lautmalerisch
– SCH vergleichen andere Sprachen und entdecken Gemeinsamkeiten und Unterschiede

Die Erpressung

Pit ging immer gern zur Schule. Aber seit einigen Tagen nicht mehr. Denn jetzt gibt es Leon! Leon hat Pit schon zweimal nach der Schule aufgelauert. Und dann hat er gedroht: „Geld her! Oder es passiert was!“

Leon ist groß und stark. Pit hat keine Chance gegen ihn. Was soll er nur tun? Pit grübelt.

Plötzlich hat er eine Idee! Pit sucht Mamas Diktiergerät. Dieses kleine Ding, in das Mama spricht, wenn sie sich was merken will.

Am nächsten Tag steckt Pit das Gerät in seinen Brustbeutel. Nach Schulschluss drückt er den „Aufnahme“-Knopf und marschiert los.

Sein Herz pocht bis zum Hals. Da vorn wartet Leon schon. Wie Pit es vermutet hat.

Drohend baut sich Leon vor Pit auf: „Geld her! Oder es passiert was!“

Pit gibt Leon ein Geldstück und rennt schnell weg.
Zu Hause spult Pit die Kassette zurück.
Und da ist Leons Stimme. Laut und deutlich:

Pit jubelt. Sein Plan hat funktioniert!
Am nächsten Tag steuert Pit
direkt auf Leon zu.
Er hält ihm die Kassette unter die Nase.

„Hier, da ist alles drauf! Deine ganze miese Erpressung.
Ab jetzt lässt du mich in Ruhe!
Und die anderen auch, klar?“
Leon wird blass. „Gehst du damit zur Polizei?“,
fragt er ängstlich.

Pit lächelt. „Mal sehen ...“
Er lässt Leon stehen und geht zu Mama,
die an der Ecke auf ihn wartet.

Katja Reider

Überlegt, was ihr machen würdet. Sprecht darüber.

Weitere spannende Geschichten findest du in diesem Buch.

– SCH zeigen ihr Verständnis von literarischen Texten, indem sie ihre eigenen Vorstellungen dazu beschreiben

Der Mann mit den sieben Messern

Großmutter blickte verwundert auf und rückte
an ihrem Zwicker. Vor ihr stand ein fremder Mann
mit einem struppigen schwarzen Bart und
einer schrecklichen Hakennase* im Gesicht.
Auf dem Kopf trug er einen Schlapphut*,
an dem eine rote Feder steckte,
und in der rechten Hand hielt er eine Pistole.
Mit der linken zeigte er auf Großmutters Kaffeemühle*.
„Her damit, sage ich!"
Aber Großmutter ließ sich nicht bange machen.
„Erlauben Sie mal!", rief sie entrüstet.
„Wie kommen Sie da herein – und was fällt Ihnen eigentlich ein,
mich so anzuschreien? Wer sind Sie denn eigentlich?"
Da lachte der fremde Mann, dass die Feder an seinem Hut
nur so wackelte. „Sie lesen wohl keine Zeitung, Großmutter?
Denken Sie mal scharf nach!"
Jetzt erst sah Großmutter, dass in dem breiten Ledergürtel
des Mannes ein Säbel und sieben Messer steckten.
Da wurde sie blass, und mit ängstlicher Stimme sagte sie:
„Sind Sie etwa – der Räuber Hotzenplotz?"
„Der bin ich!", sagte der Mann mit den sieben Messern.
„Machen Sie keine Geschichten, das mag ich nicht.
Geben Sie mir sofort die Kaffeemühle!"
„Aber die gehört Ihnen doch gar nicht!"

Otfried Preußler

* Seite 141

Oh weh, was nun?
Lies selbst.

– SCH lesen verschiedenartige Texte
– AH 153

Die Glücksfee*

* Seite 141

Es gibt auf der ganzen Welt
dreitausend dreihundert dreiunddreißig Glücksfeen.
So ungefähr.
Und Pistazia war die Allerbeste.
Sie wohnte mit dreiundzwanzig
anderen Feen unterm Dachstuhl*
einer Kirche.
Eines Nachts ließ Tusnelda
Pistazia zu sich rufen.
Tusnelda war die Chefin,
weil sie die Dickste war.
So ist das bei den Feen:
Die Dickste hat zu bestimmen.

„Pistazia“, sagte Tusnelda, „es gibt Arbeit für dich.“
Auf der Leinwand erschien das Bild eines Jungen.
„Das ist Lukas Besenbein“, erklärte Tusnelda.
„Sechs Jahre alt. Hat ständig schlechte Laune.
Der Junge versteht nicht das Geringste vom Glücklichsein.
Schlimmer Fall“, sagte Tusnelda.
„Braucht dringend ein paar Nachhilfestunden.
Hier ist seine Adresse.“
„Bin schon weg!“, rief Pistazia
und flog los.

Cornelia Funke

Schreibe, wie die Geschichte weitergehen könnte.

Wie es weiter geht, erfährst du im Buch **Die Glücksfee**.

Cent, Cent, Cent

Carlo und seine Eltern
machen Urlaub
in Italien.
Sie sind campen.
Dort gibt es auch
einen Kinder-Club.
Carlo spielt jeden Tag mit Kindern
aus den Niederlanden, aus Belgien,
aus der Schweiz und auch aus Deutschland.
Einmal gibt es ein Quiz:
Die Kinder sollen herausfinden,
aus welchen Ländern die 50-Cent-Münzen kommen.
Carlo findet das cool. Carlo kennt einige Länder,
in denen man mit Euro und Cent bezahlen kann.

Janine aus Belgien bekommt den ersten Preis.
Sie hat 10 Münzen erkannt.
Dafür bekommt sie eine Musik-CD und ein Comic-Heft.
Carlo wird Zweiter. Er hat 9 Münzen erkannt.

Zu Hause sieht er am Computer nach,
in welchen Ländern man mit Euro und Cent bezahlt.

Schreibe eine Geschichte
über die Abenteuer
eines Cents.

– SCH zeigen ihr Verständnis von Sachtexten, indem sie Fragen dazu beantworten

Pablo

Pablo lebt mit seiner Familie in Südamerika.
Sie leben in den Bergen: den Anden.

Die Menschen hier leben in kleinen Häusern.
Pablo lebt mit seiner Familie in einem kleinen Haus.
Pablos Mutter ist Bäuerin.
Pablo und seine Geschwister
helfen oft auf der Farm mit.
Sie kümmern sich auch um die Tiere.
Pablo spielt gern mit den Tieren.
Am liebsten mag er Kaninchen und Mäuse.

Schreibe einen Steckbrief über ein Land, das du kennst.

Pablo geht auch zur Schule.
Pablo lernt dort Lesen,
Schreiben und Rechnen.
Er lernt auch, wie man
auf der Quena spielt.
Die Quena ist
eine Flöte aus Bambus.

– SCH klären unbekannte Wörter, vergleichen mit ihrer eigenen Lebenswelt

Mundart in Bayern

Bayerisch

Spruch

An Onkel, wo was mitbringt,
isch besser wia a Tante,
wo Klavier spielt.

Schwäbisch

Abzählvers

Butterlaabla, Butterbrot,
mit'm Fanga is ka Not.
An tu ich olanga,
der muss etzert fanga.

Fränkisch

– SCH beschreiben Unterschiede zwischen geschriebener und gesprochener Sprache (Dialekt)

Rund ums runde Leder

Weißt du, was eine Schwalbe ist?
So nennt man ein gespieltes Foul*:
Ein Spieler tut nur so, als wenn er gefoult worden wäre, um einen Freistoß oder Elfmeter zu bekommen.

Dafür bekommt er die gelbe Karte.
Gelb zeigt der Schiedsrichter auch, wenn ein Spieler einen Gegner festhält, absichtlich tritt, umstößt oder ihm ein Bein stellt.

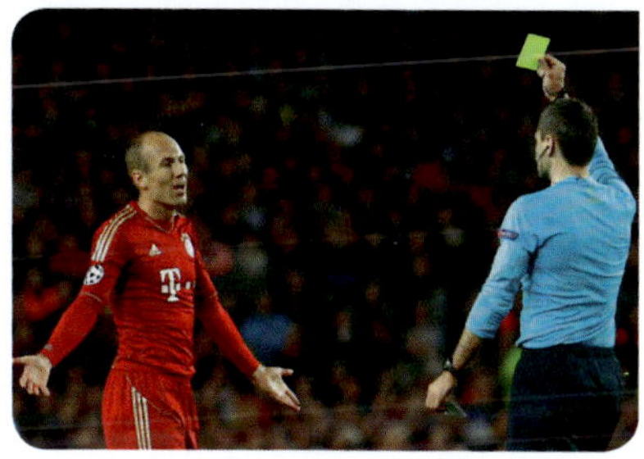

* Seite 141

Fußball in Bayern
In Bayern wurde immer gut Fußball gespielt.
Zuerst hat der 1. FC Nürnberg häufig die Deutsche Meisterschaft gewonnen.
Dann wurde Bayern München oft Deutscher Meister. Auch der TSV 1860 München und Fürth waren Meister.

Schreibe oder male zu deinem Lieblingsverein.

TSV 1860 München

FC Bayern München

Spielvereinigung Greuther Fürth

1. FC Nürnberg

– SCH zeigen ihr Verständnis von Sachtexten, indem sie Fragen dazu beantworten

Erhard Dietl und seine Olchis

Das ist ein Olchi

Ein Olchi hat Hörhörner.
Er hört Ameisen husten
und Regenwürmer rülpsen.

Die Knubbelnase riecht
gern Verschimmeltes
und faulig Stinkendes.

Olchi-Haare sind so hart,
dass man sie nicht mit
einer Schere schneiden kann,
sondern eine Feile braucht.

Olchi-Augen fallen gerne zu,
denn ein Olchi ist stinkefaul
und schläft für sein Leben gern,
egal, ob es Tag ist oder Nacht.

Olchi-Zähne knacken alles,
Glas, Blech, Plastik,
Holz oder Stein!

Und das ist der Erfinder der Olchis,
der Autor Erhard Dietl.
Er hat sich viele Bücher mit den Olchis
ausgedacht und die Bilder dazu gemalt.

– SCH finden in Kinderliteratur sich wiederholende Figuren

Die Olchis auf dem Schulfest

Und genau über der Grundschule
von Schmuddelfing ist der Treibstoff
endgültig verbraucht. Der Müffelator stottert
und der Ballon sinkt zu Boden.
„Grätziger Stinkstiefel!“, schimpft Olchi-Papa.
Sie landen mitten auf dem Schulhof.
Viele Kinder und Lehrer sind hier versammelt.
Sie feiern heute ein Schulfest,
und der Schulchor singt gerade ein Lied.
Der Ballon mit den Olchis landet neben der Bühne
und begräbt Frau Springel, die Turnlehrerin, unter sich.
Alle schreien aufgeregt durcheinander.
Frau Springel krabbelt
unter dem Ballon hervor,
und der Rektor,
Herr Haubensack,
verschüttet vor Schreck
seine Apfelschorle.
„Muffel-Furz-Teufel!“,
sagt Olchi-Papa
zur Begrüßung.
Die Olchis klettern
aus ihrem Korb
und sehen sich neugierig um …

Erhard Dietl

Neugierig geworden auf dieses olchige Buch? Dann lies weiter in diesem Buch.

Mit Lea und Ele quer durch Bayern

1. Lea und Ele fahren mit dem Zug nach Füssen.
   Sie wollen Schloss Neuschwanstein besichtigen.
2. Die beiden fahren nach Nürnberg und besuchen
   die Burg. Von dort sieht man auf die ganze Stadt.
3. Am Wochenende geht es in die Fränkische Schweiz.
   Lea geht mit Ele wandern und Kajak* fahren.
4. Am Montag gibt es ein schönes Theaterstück in der
   Augsburger Puppenkiste. Die Marionetten* sind lustig.
5. Ele und Lea fahren in den Bayerischen Wald.
   In Zwiesel schauen sie den Glasbläsern zu.
6. Es ist gutes Wetter angesagt! Auf geht es zur Zugspitze.
   Das ist der höchste Berg in Deutschland.
7. Lea hat eine Karte für ein Konzert im Festspielhaus*
   in Bayreuth geschenkt bekommen. Ele darf auch mit.
8. Zurück fahren sie über Würzburg und besichtigen
   die Residenz*.
9. Am Samstag will Lea mit Ele in die Allianz-Arena.
   Dort gibt es ein großes Fußballspiel.
10. Regensburg ist eine wunderschöne Stadt.
    Besonders gut gefällt es Lea auf der Steinernen Brücke.
11. Der Zug bringt die beiden nach München.
    Sie staunen über die hohen Türme der Frauenkirche.

* Seite 141

Wo warst du auch schon mal? Erzähle.

Schreibe oder male zu einer Sehenswürdigkeit in deinem Ort.

Hurra, jetzt sind S ◆◆◆◆◆◆◆◆◆◆◆ !

1 2 3 4 5 6 7 8 9 10 11

– SCH zeigen ihr Verständnis von Sach- und Gebrauchstexten (auch einfache Diagramme), indem sie Fragen dazu beantworten

– AH 156/157

Robert Delaunay

Wann endet das Jahr?

– SCH erzählen zu den Jahreszeiten, vergleichen nach dem Lesen die neu gewonnenen Informationen mit ihrem Vorwissen

SCH AU, O SCH AU,

W A S I S T

M I T D E R F R AU ?

WAS MACHT DER WIND
MIT ROBERT, RUDI, HUND UND KIND?
WAS DAS FÜR KOMISCHE   SIND!

– SCH lesen Anlautschrift, tragen Texte lebendig mit Vorlage oder ohne vor

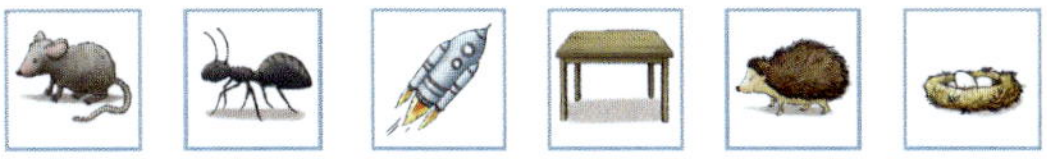

M A R **T I N**

M A N **T E L**

T EI **L E N**

K A L T

WIR TRA**GEN** LA**TER**NEN
UND SIN**GEN**:
  UND 

Schreibe zu den Bildern.

– SCH lesen Anlautschrift, tragen Texte lebendig mit Vorlage oder ohne vor

Nussrondo

Mik, mak, knack – klacker, klacker, knack,
knacken wir die Nüsse – mik, mak, knack.

Haselnüsse, Mandelkern
essen alle Kinder gern.
Walnüsse, Paranuss
sind ein wirklicher Genuss.

Lernt den Text auswendig und tragt ihn gemeinsam vor.

– SCH lesen Texte rhythmisch und lautmalerisch vor

Wir warten

WIR WARTEN AUF EIN FEST.
GESCHENKE WIRD ES BRINGEN
UND DAS KIND IM STALL.

– SCH tragen Texte lebendig mit Vorlage oder ohne vor

Lea klebt Kugeln
an den Tannenbaum
im Klassenzimmer.
Ele hilft.
Er sammelt Wörter
für den Baum.

Sammele Weihnachtswörter
und schreibe sie auf.

P A K E T

B A S T E L N

K U G E L

E N G E L

K E R Z E

W Ü N SCH E

N I K O L AU S

L I CH T

– SCH setzen ihre Leseeindrücke in andere künstlerische Ausdrucksformen um

Für das neue Jahr
wünschen sich die Menschen
viel Glück. Oft verschenken sie
Glücksbringer.

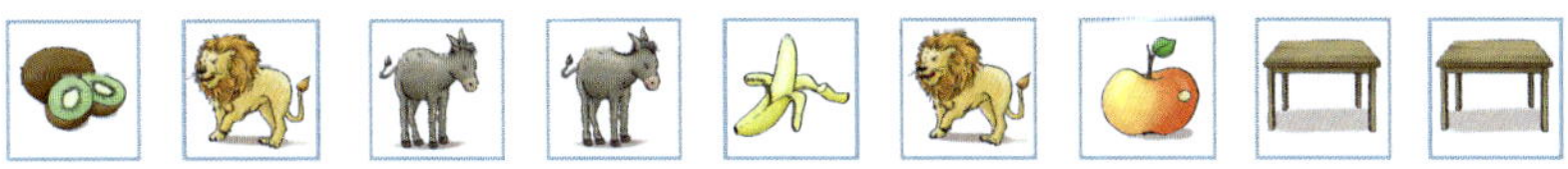

K L E E B L A T T

H U F EI S E N

SCH W EI N

SCH O R N ST EI N F E G E R

Male oder schreibe
was du dir
im neuen Jahr wünschst.

– SCH zeigen ihr Verständnis von Sachtexten, indem sie Fragen dazu beantworten

Du kannst alles sein

Indianer oder Tiger, du kannst alles sein:
Prinzessin oder Monster oder Obelix mit Hinkelstein*.
Doch wenn Fasching vorüber ist,
sei bitte wieder, wer du bist.

* Seite 141

Als was verkleiden Leo und Lea sich?

Ich bin sehr lustig.
Oft habe ich eine rote Nase.
Meine Kleidung ist bunt.

Ich habe einen Raben.
Er heißt Abraxas.
Ich fliege mit einem Besen
durch die Luft.

Als was verkleidest du dich?

Überlegt euch weitere
Faschingsrätsel.
Lasst die anderen raten.

– SCH tragen Texte lebendig mit Vorlage oder ohne vor, machen sich aufgrund der Überschrift und der Form des Textes ihr Vorwissen zu Textinhalt bewusst und versprachlichen dies

Die Tulpe

Dunkel war alles und Nacht.
In der Erde tief
die Zwiebel schlief,
die braune.

Was ist das für ein Gemunkel*,
was ist das für ein Geraune*,
dachte die Zwiebel,
plötzlich erwacht.

* Seite 141

Was singen die Vögel da droben
und jauchzen* und toben?
Von Neugier gepackt,
hat die Zwiebel
einen langen Hals gemacht
und um sich geblickt
mit einem hübschen
Tulpengesicht.

Da hat ihr der Frühling
entgegengelacht.

Josef Guggenmos

- SCH lesen verschiedenartige Texte, um ihre Leseerfahrungen und ihr Vorwissen zu erweitern
- SCH tragen Text lebendig vor

Starkes Ei

Du brauchst:
- zwei hart gekochte Eier
- viele Bücher

Lass dir die Eier von einem Erwachsenen mit einem sehr scharfen Messer durchschneiden. Löffle die halben Schalen ganz vorsichtig aus, damit sie ganz leer sind. Du hast dann nur noch die Schale übrig.

① Stelle die vier Eierhälften im Viereck auf den Tisch.

② **Vermute**, wie viele Bücher du auflegen kannst, bis ein Ei bricht.

③ Lege immer mehr Bücher darauf und **beobachte**.

④ **Stelle fest**, wie viele Bücher die Eier tragen.

– SCH lesen geeignete Texte richtig, in angemessenem Tempo und entnehmen dabei den Sinn des Gelesenen

Primel

Primel wanderte übers Feld und pfiff leise vor sich hin.
Pfeifen konnte er sehr gut.
Eigentlich war er der beste Pfeifhase weit und breit.

Plötzlich schrie jemand: „Pass doch auf!
Wo hast du denn deine Augen?“
Das war der Igel. Primel wäre um ein Haar auf ihn getreten.
„Ent**pf**uldigung“, sagte Primel.
Der Igel fing an zu kichern. „Du hat vielleicht blöde Zähne.“
„Hab ich gar nicht“, antwortete Primel.
Seine große Zehe zitterte – sie zitterte immer,
wenn er sich über etwas sehr aufregte.
Und er regte sich jedes Mal auf, wenn sich jemand
über seine Zähne lustig machte.

Er konnte doch nichts dafür,
dass sie so weit auseinander standen.
Immer wenn er **sch** sagen wollte,
kam nur **pf** heraus. **Pf**recklich war das.

Marliese Arold

Wer kann schon einen Hasen
mit Zahnlücke leiden, der noch dazu lispelt?
Zum Glück gibt es Balduin und Charlotte.

Ein Geschenk für Mama und Papa

Du brauchst:

- A5 rotes Tonpapier
- rote Plakatfarbe
- Glitzerstein
- Zuckerkreide
- Knetmasse
- Kartenklemme*
- Klarlack*

* Seite 141

So geht es:

1. Lege bunte Tafelkreide über Nacht in Zuckerwasser.
2. Falte das Tonpapier zu einer Karte.
3. Male ein buntes Herz mit Zuckerkreide auf die Karte.
4. Klebe den Glitzerstein in die Mitte.
5. Forme aus der Knete ein Herz.
6. Stecke die Kartenklemme in das Herz.
7. Lass das Herz fest werden.
8. Male das Herz an.
9. In die Karte kannst du ein Gedicht kleben und etwas Liebes schreiben.

Viel Freude beim Verschenken!

– SCH zeigen ihr Verständnis von Gebrauchstexten, indem sie Handlungsfolgen nachvollziehen können

Lea und Ele machen Ferien

In den Ferien wollen Lea und Ele viel unternehmen. In ein Ferienbuch schreibt Lea, was sie erlebt, und klebt Fotos ein.

Schreibe am Wochenende oder in den Ferien Tagebuch.

Wir waren im Freibad

Ich kann schon gut schwimmen.
Das Wasser war gar nicht kalt.
Ich bin vom Startblock* gesprungen.

* Seite 141

Meine Sandburg am See

Heute war es richtig heiß.
Wir waren zusammen am See.
Meine Sandburg wurde aber größer als auf dem Foto.

Zu Hause im Garten

Mama und Papa haben viel zu tun.
Ich mache es mir mit einem Buch gemütlich.
Ich lese Ele eine Geschichte vor.

Schwierige Wörter

Diese Wörter stehen nicht im Grundwortschatz für die Jahrgangsstufen 1 und 2, kommen aber in den Lesetexten der Fibel vor. Kinder, die die Wörter nicht kennen, können hier nachschauen.

Seite 43 Ramschkiste: Kiste mit billigen Sachen, für Ramsch sagt man auch Kruscht oder Geraffel

Seite 44 Modenschau: Frauen und Männer führen Mode auf einem Laufsteg vor

Seite 46 Flaschenpost: Brief in einer Flasche, wird ins Meer oder in einen Fluss geworfen

Seite 49 Schleier: ein Stück Stoff, mit dem eine Frau ihr Haar, Gesicht oder Kopf verhüllt

Seite 49 Diamant: wertvoller, farbloser Edelstein

Seite 56 Polarstern: der hellste Stern am Himmel, der zeigt, wo Norden ist

Seite 57 Himmelskörper: Planeten, Sterne und Kometen

Seite 60 Flattergeist: eigentlich ein unruhiger Mensch, hier ein richtiger Geist

Seite 61 Gespensterfeier: eine Feier von Kindern, die als Gespenster verkleidet sind

Seite 75 Spitzenschuhe: Ballettschuhe für das Tanzen auf Zehenspitzen

Seite 75 Ballerina: Ballett-Tänzerin

Seite 82 Siebenschläfer: grau-weißes Nagetier mit buschigem Schwanz, sieht aus wie eine Maus und hält einen besonders langen Winterschlaf

Seite 82 Singvögel: Vögel, die schön pfeifen können

Seite 85 katzenartig: ein Tier, das einer Katze ähnlich ist

Seite 85 Graslandschaften: Landschaften mit Gras, oft mit Flüssen, Bächen oder Seen

Seite 116 Zwicker: Brille ohne Bügel
für die Ohren, muss auf der Nase halten
Seite 116 Hakennase: Nase,
in der Form so krumm wie ein Haken
Seite 116 Schlapphut: Hut mit nach
unten hängender Krempe (Rand)

Seite 116 Kaffeemühle: Küchengerät,
in dem Kaffee gemahlen wird

Seite 117 Glücksfee: Frau
oder Mädchen, das Glück bringt
Seite 117 Dachstuhl: Balken,
auf denen die Dachziegeln liegen
Seite 121 Foul: unfaires Verhalten,
das gegen die Spielregeln ist
Seite 124 Kajak: flaches Boot
mit Doppelpaddel (Doppelruder)

Seite 124 Marionette: Puppe, die
mit Fäden oder Drähten bewegt wird

Seite 124 Festspielhaus: Theater, in dem
gespielt, getanzt oder Musik gemacht wird
Seite 124 Residenz: großes Haus oder Schloss
für mächtige Politiker, Könige oder Bischöfe

Seite 134 Hinkelstein: Stein, der eine
besondere, oft spitz zulaufende Form hat
Seite 135 Gemunkel: heimlich reden
Seite 135 Geraune: leise reden
Seite 135 jauchzen: vor Freude laut rufen
Seite 138 Klarlack: durchsichtiger Lack,
der vor Feuchtigkeit schützt
Seite 138 Kartenklemme: damit kann man
Karten aufrecht hinstellen
Seite 139 Startblock: im Schwimmbad
am Rand, davon kann man ins Wasser springen

Sch
sch
A a
E e
Ä ä
Ö ö
Ü ü
L l
M m
S s
F f
R r
N n
Z z
W
Sp sp
St st
Qu
ELE-
PLAN

O o
U u
→ ch
Au au
Ei ei
Eu eu
H h
P p
T t
K k
Pf pf
J j
B b
D d
G g
→ ng
V v
X x
Y y
C c

Textquellennachweis

S. 98 Otfried Preußler, Die kleine Hexe, © by Thienemann Verlag in der Thienemann-Esslinger Verlag GmbH, Stuttgart; S. 106 f. „Kleiner Eisbär, wohin fährst du?“, erzählt und illustriert von Hans de Beer, © 1987 NordSüd Verlag AG, Gossau/ Zürich/ Schweiz; S. 110 f. Lorenz Pauli, Kathrin Schärer: Pippilothek. Eine Bibliothek wirkt Wunder, Atlantis Verlag: Zürich 2011. S. 114 f. Katja Reider, Lesepiraten-Krimigeschichten, Illustrationen: Wilfried Gebhard, © 2003 Loewe Verlag GmbH, Bindlach; S. 116 Otfried Preußler, Der Räuber Hotzenplotz, Illustrationen: F. J. Tripp, © by Thienemann Verlag in der Thienemann-Esslinger Verlag GmbH, Stuttgart; S. 117 Cornelia Funke, Die Glücksfee, Illustrationen: Sybille Hein, 2010 Fischer Schatzinsel, Frankfurt am Main; S. 118 Siegfried Müller, Cent, Cent, Cent; S. 119 Redaktion, Pablo; S. 122 Erhard Dietl, Das ist ein Olchi. In: Erhard Dietl. Die Olchis. Die schönsten Schmuddelgeschichten, © 2012 Oetinger Verlag, Hamburg; S. 123 Erhard Dietl, Die Olchis auf dem Schulfest, © 2010 Oetinger Verlag, Hamburg; S. 135 Josef Guggenmos, Die Tulpe. In: Josef Guggenmos. Was denkt die Maus am Donnerstag? Gedichte für Kinder, © 2010 Beltz & Gelberg Verlag, Weinheim; S. 137 Marliese Arold, Primel, Illustrationen: Annet Rudolph 2013 Parabel Verlag in der Verlagsgruppe Beltz, Weinheim/ Basel

Abbildungsnachweis

S. 6 Hermann Krekeler, Hanstedt; S. 26 Paul Klee, Kinderspiel; S. 40 James Rizzi, Panthermedia; S. 41 James Rizzi (Ausschnitte) Panthermedia; S. 54 Paul Klee, Beflaggte Stadt, Christie's Images Ltd – ARTOTHEK; S. 66 Miro, Figuren und Hund vor der Sonne; S. 80 Franz Marc, Blaues Pferd; S. 85 Yak – Reinhard Herzig; Pony – Panthermedia; Hyäne – Fotolia; S. 86 Jill Tomlinson, Die kleine Eule, Illustrationen: Christine Georg, © für die Illustrationen 1996 by Ravensburger Buchverlag Otto Maier GmbH; S. 92 Wassily Kandinsky, Blauer Himmel; S. 94 Otfried Preußler, Der Räuber Hotzenplotz, Illustrationen: F. J. Tripp © by Thienemann Verlag in der Thienemann-Esslinger Verlag GmbH, Stuttgart; Foto: Otfried Preußler, © by Thienemann Verlag in der Thienemann-Esslinger Verlag GmbH, Stuttgart S. 95: Screenshot Augsburger Puppenkiste, bearbeitet für Leseanfänger (Internetadresse folgt); S. 98 Die kleine Hexe, Illustrationen: Winnie Gebhardt-Gayler © by Thienemann Verlag in der Thienemann-Esslinger Verlag GmbH, Stuttgart; S. 104 „Der kleine Eisbär, Lesehöhle“ illustriert von Hans de Beer, © 1995 NordSüd Verlag AG, Gossau/ Zürich/ Schweiz; S. 106 f. „Kleiner Eisbär, wohin fährst du?“, erzählt und illustriert von Hans de Beer, © 1987 NordSüd Verlag AG, Gossau/ Zürich/ Schweiz; S. 107 © NordSüd Verlag AG, Gossau/ Zürich/Schweiz; Foto Hans de Beer, picture alliance; S. 110 f. Lorenz Pauli, Kathrin Schärer: Pippilothek. Eine Bibliothek wirkt Wunder, Atlantis Verlag: Zürich 2011. S. 114 f. Katja Reider, Lesepiraten-Krimigeschichten, Illustrationen: Wilfried Gebhard, © 2003 Loewe Verlag GmbH, Bindlach; S. 116 Otfried Preußler, Der Räuber Hotzenplotz, Illustrationen: F. J. Tripp, © by Thienemann Verlag in der Thienemann-Esslinger Verlag GmbH, Stuttgart; S. 117 Cornelia Funke, Die Glücksfee, Illustrationen: Sybille Hein, 2010 Fischer Schatzinsel, Frankfurt am Main; S. 117 Cent-Münzen, Shutterstock com; alamy images S. 118 Yvonne Hoppe-Engbring; S. 119 Foto Anden, Wetzel; Foto Quena Fotolalia; Foto Indio-Junge, Glowimages/Craig Lovell; S. 121 Fotos Arjen Robben, ddp, Getty Images; Vereinslogos TSV1860 München, dpa-Report, FC Bayern München, Spielvereinigung Greuther Fürth, dpa-Report, 1. FC Nürnberg, Interfoto; S. 122 f. Erhard Dietl, Die Olchis auf dem Schulfest, © 2010 Oetinger Verlag, Hamburg, Foto Erhard Dietl, Süddeutsche Zeitung/Robert Haas, Picture Alliance GmbH; S. 126 Robert Delaunay: Formes Circulaires, Soleil No. 1 (Kreisformen, Sonne Nr. 1), 1912/1913 Öl auf Leinwand, 100x81 cm, Wilhelm-Hack-Museum, Ludwigshafen am Rhein; © L&M SERVICES B.V. Amsterdam 20051011; S. 128, 134 Franziska Biermann; S. 129 Anke am Berg; S. 137 Marliese Arold, Primel, Illustrationen: Annet Rudolph 2013 Parabel Verlag in der Verlagsgruppe Beltz, Weinheim/ Basel; S. 139 Karin Kobl, Erlangen; Tanja Schedl, Ammerndorf